Nirina Crispin

Les Factettes de la PEUR

Nirina Crispin

Les Factettes de la PEUR

Comment surpasser la peur en 15 chapitres?

Éditions Croix du Salut

Imprint
Any brand names and product names mentioned in this book are subject to trademark, brand or patent protection and are trademarks or registered trademarks of their respective holders. The use of brand names, product names, common names, trade names, product descriptions etc. even without a particular marking in this work is in no way to be construed to mean that such names may be regarded as unrestricted in respect of trademark and brand protection legislation and could thus be used by anyone.

Cover image: www.ingimage.com

Publisher:
Éditions Croix du Salut
is a trademark of
Dodo Books Indian Ocean Ltd. and OmniScriptum S.R.L publishing group

120 High Road, East Finchley, London, N2 9ED, United Kingdom
Str. Armeneasca 28/1, office 1, Chisinau MD-2012, Republic of Moldova, Europe
Printed at: see last page
ISBN: 978-620-6-16980-2

Les Facettes de la PEUR

Préface

Les peurs qui tourmentent l'humanité sont trop nombreuses pour être cataloguées, mais cette délicieuse séquence d'essais identifie non seulement certaines des plus courantes, mais montre également comment les conquérir en prouvant qu'elles ont une réelle substance. Les expériences bibliques sont présentées en parallèle avec des situations quotidiennes, montrant qu'il n'y a pas grand-chose dans la vie moderne qui doit nous effrayer si la foi contrôle la citadelle du cœur. Les nuages ont toujours leur revers argenté. L'arc-en-ciel de la promesse brille toujours d'espoir. Le Christ demeure la solution à chaque problème déconcertant. Pour celui qui triomphe, un courage nouveau est disponible pour de nouvelles aventures.

Les Facettes de la PEUR

Par C. Nirina

Les Facettes de la PEUR

Table de matière

1

Derrière les Sourires

Les éditeurs de magazines utilisent des mannequins en couverture pour vendre leurs articles littéraires. Le sourire en couverture est destiné à encourager les lecteurs à parcourir les pages intérieures.

Mais les gens ne sont pas comme les magazines. Les pages intérieures sont fermement scellées. Et les sourires en couverture sont utilisés pour empêcher les lecteurs de deviner ce qui est écrit à l'intérieur.

Derrière le sourire en couverture, derrière ce rideau personnel de fer, est écrit une seule chose : la peur !

Parfois, elle est orthographiée différemment. Mais dans chaque langue, dans chaque vie, elle est là. C'est pourquoi vous prenez ce livre.

Harriett Andrews ne savait pas que c'était de la peur. Mais elle savait que cela rongeait sa vie et son âme.

Soudain, c'était trop. L'hypocrisie d'enseigner aux autres l'amour de Dieu alors qu'elle-même en doutait !

Il n'y avait qu'une seule chose, une seule chose, à essayer. Mais la vieille voiture tiendrait-elle le coup ? Et le pasteur Hamilton comprendrait-il ? Comprendre ou non, elle lui dirait tout ! C'était une question de vie ou de mort.

Le pasteur Hamilton releva la tête de ses calculs. Il était sur le point d'acheter une nouvelle voiture, mais il comparait d'abord les offres. Il était satisfait maintenant.

Sa femme prit la parole : "Harriett Andrews a appelé cet après-midi. Elle a dit qu'elle voulait vous voir à sept heures. Elle sera bientôt là."

"Je me demande ce qui l'amène du nord. Je suppose qu'il y a un institut pour les enseignants qui se prépare, ou quelque chose du genre."

Harriett était assise dans le bureau. Le pasteur Hamilton était assis raide derrière son bureau.

Harriett n'avait jamais imaginé qu'un bureau puisse être un tel obstacle. Elle essaya de commencer.

"Je devais parler à quelqu'un," dit-elle. "Et j'ai senti que je pouvais avoir confiance en vous."

"Nous apprécions cette confiance," dit-il. "Vous savez, nous avons entendu des rapports merveilleux sur votre travail."

Il pensait à cette nouvelle voiture. Et il ne lui est jamais venu à l'esprit qu'Harriett était en réelle difficulté.

Soudain, elle sut que cela ne lui était jamais venu à l'esprit et que s'il y pensait, il ne comprendrait pas. Le bureau et les nombreux obstacles. Aussi tactiquement que possible, elle prit congé.

"Vous savez," dit le pasteur à sa femme plus tard, "je ne sais toujours pas pourquoi elle est venue. Juste envie de passer alors qu'elle était en ville, je suppose."

Et il ne l'a jamais su. Il a entendu, quelques semaines plus tard, que le bon travail d'Harriett avait été interrompu par un épuisement nerveux.

"Juste à travailler trop dur," a-t-il diagnostiqué.

C'était il y a dix ans, je suppose. Car cela fait trois ans que j'ai rencontré Harriett pour la première fois.

En réalité, je l'ai connue un an, au téléphone, avant de la voir.

Je l'appelais, et elle disait : "Je ne veux rien avoir à faire avec l'église. Je ne veux rien avoir à faire avec Dieu."

Le pasteur Brown l'appelait aussi. Et elle lui disait la même chose. Le pasteur Hamilton était parti depuis des années. Le pasteur Brown reconnaissait l'appel à l'aide déguisé dans ses menaces.

Nous avons essayé de lui parler de l'amour de Dieu. Mais elle ne pouvait pas comprendre. Il nous a fallu un an pour lui faire comprendre que nous ne nous moquions pas d'elle, que nous prenions son problème au sérieux et que c'était important pour nous.

Enfin, elle nous a parlé en face. Et en voyant que nous nous soucions d'elle, elle a commencé à penser que peut-être, juste peut-être, Dieu pourrait aussi se soucier d'elle. Elle a levé un peu le voile, et nous avons commencé à lire ces pages longtemps scellées de peur.

Trop souvent, les volets ne sont jamais levés. Mais derrière les sourires en couverture se cachent des tempêtes cachées, des peurs aux multiples noms, qui rongent la vie.

Depuis qu'Adam a dit pour la première fois "j'ai eu peur", la peur est partout et toujours. Depuis que le péché d'Adam a séparé l'homme de Dieu, la peur a imprégné l'atmosphère même. Vous pouvez regarder un magnifique coucher de soleil paisible. Mais la peur est là. Vous l'avez ressentie. Je l'ai ressentie.

La peur revêt de nombreux et différents déguisements. La peur de la séparation de Dieu est fondamentale. Étroitement liées sont la peur d'être seul, la peur de la réalité, la peur de l'échec, la peur d'être exclu, la peur d'être différent, la peur d'avoir le temps de réfléchir, la peur de vos propres émotions, et une multitude d'autres phobies. Il y a même la phobie de la phobie, la peur de la peur elle-même. Nous craignons la perte de santé, la perte de santé mentale, la perte de vie. Nous craignons nos amis, nos ennemis et, souvent plus que tout, nous-mêmes !

Cela frappe les jeunes et les vieux. Les deux sentent que la vie leur échappe. Le jeune qui saisit avidement les brindilles fragiles du plaisir mondain a peur. Il a peur que Dieu n'ait plus rien pour lui. C'est, raisonne-t-il, peut-être le meilleur que Dieu puisse faire pour lui. Il ignore la promesse "L'Éternel peut te donner bien plus que cela." (2 Chroniques 25;9)

Le problème avec la peur, c'est qu'elle repose sur le sentiment, pas sur les faits. Les faits, nous pouvons les rencontrer. Nous pouvons nous adapter. Mais nos sentiments sont souvent nos maîtres.

Le sentiment est souvent l'opposé du fait. Souvent, nos peurs et nos sentiments n'ont aucun lien avec les faits. Et souvent, nous le savons. Mais cela nous aide très peu. Vous voyez, la peur entre par la porte de derrière. Elle ne s'arrête pas au bureau et ne demande pas la permission d'entrer. Elle contourne la raison. Elle attaque nos sentiments et nos émotions directement, sans demander la permission.

C'est pourquoi vous pouvez être si complètement perturbé par une situation que vous savez, au fond de votre cœur, n'existe pas et ne se produira probablement jamais. C'est pourquoi vous pouvez recevoir de mauvaises nouvelles, deux minutes plus tard, être frappé dans l'estomac. Nos sentiments obéissent, non pas à l'esprit, mais au système nerveux autonome.

Que faire, alors, avec cette chose appelée peur ? L'une de ces trois choses. Fuir, l'ignorer ou la changer.

Si nous fuyons, nous courrons pour le reste de notre vie. Car nos peurs font partie de nous.

L'ignorer ? C'est une prescription souvent utilisée. Il suffit de le supporter, d'être résigné, de se réconcilier avec lui. C'est ce qu'on nous dit. Mais une résignation consciente couvre souvent une rébellion subconsciente qui grandit jusqu'à ce qu'elle nous détruise. Une lèvre supérieure raide peut couvrir, mais elle ne guérira jamais un cœur rebelle.

La changer ? Comment pouvons-nous faire ça ? Nous ne pouvons peut-être pas toucher aux circonstances. Mais Dieu peut nous toucher, peut toucher nos peurs. Parfois, nous découvrons avec surprise que nos peurs ont beaucoup à voir avec les circonstances.

"Je rendrai les ténèbres lumière devant eux, et les choses tortueuses droites" (Ésaïe 42;16)

Une femme posait des questions sur une certaine prophétie biblique. Nous allions l'étudier. Puis elle a mentionné son tempérament. Je me demandais lequel elle voulait aborder en premier. "La prophétie peut attendre," dit-elle. "Je veux savoir comment contrôler mon tempérament !"

Le monde est ainsi, en grande partie. Nous voulons savoir où nous allons, et ce qui nous attend. Mais encore plus que cela, nous voulons savoir comment vivre, comment contrôler nos tempéraments et nos peurs.

Un esprit peut être un endroit si heureux lorsque les volets sont levés et que nous regardons l'avenir sans peur. Mais lorsque les volets sont tirés serrés, et que la lumière colorée par le doute tombe sur les mauvais schémas de pensée tapissant les murs de l'âme, c'est un endroit désolé. Très vite, il devient une caverne profonde et sombre où son détenu tourmenté ne voit aucune lumière dans l'univers, et doute même qu'il en existe.

Que faire avec la peur ? "Il y a un baume en Galaad," et nous le trouverons. Il y a un moyen d'effacer les sourires de la couverture et de les mettre dans le cœur !

2

Ligne de Piquetage

Les lignes de piquetage ne sont rien de nouveau. La plus grande et la plus longue opération de piquetage jamais entreprise a commencé il y a environ six mille ans et se poursuit encore aujourd'hui. L'instigateur était un certain Lucifer. Pas de conflit entre employeur et employé. C'était la création se retournant contre son propre Créateur.

Pendant ces six mille ans, Lucifer, devenu diable, a marché de long en large en criant "Injuste, injuste !" contre un Dieu d'amour infini. Le cri répété devient de plus en plus fort.

Dieu est un tyran, accuse le diable. Injuste envers les anges, injuste envers les hommes, prétend-il. L'image laide qu'il peint avec ses accusations est celle d'un Dieu sans amour, sans justice, sans tendresse ni pitié ni compréhension. Tonnerre sur le Sinaï, pluie de soufre sur Sodome.

Tu vois ? dit-il.

La vérité, c'est que ce piquet du diable est désespérément effrayé ; effrayé que vous franchissiez sa ligne de piquetage et découvriez à quel point il a tort.

Vous l'avez franchi il y a longtemps, dites-vous. Vous n'êtes pas influencé par ses revendications, vous pensez.

C'est ce que j'ai dit, et ce que je pensais. Mais j'ai découvert que j'acceptais son histoire une bonne partie du temps.

Maintenant, pour être sûr, je n'appelais pas Dieu un tyran. Je l'appelais un Dieu d'Amour. Il est vrai que mes premières leçons du Sabbat que je me souviens ont dépeint un Dieu qui a déversé des fléaux terribles sur l'Égypte et a fait tonner le Sinaï. Et dès tout petit, j'avais peur du tonnerre. Il a fallu du temps pour intégrer l'image d'un Jésus aimant dans ma pensée.

Mais voici ce que je veux dire. Voici comment tomber dans la propagande du diable. Chaque fois que je remettais en question la volonté de Dieu de répondre à ma prière, chaque fois que je pensais que Dieu m'avait choisi pour une expérience difficile, chaque fois que je pensais que Dieu aimait les autres plus que moi, chaque fois que je pensais que Dieu était déterminé à me donner tout sauf ce que je voulais, je croyais au mensonge du diable. Je disais dans mon cœur, assez discrètement pour ne pas l'entendre, que Dieu était un tyran.

Je me souviens qu'une fois, j'étais malade, et une expérience difficile est survenue. Et je me suis dit qu'un tyran seul enverrait un coup comme ça quand j'étais à terre. Cependant, je ne l'ai pas dit assez fort cette fois-là. Et je me suis entendu et j'ai commencé à comprendre ce qui se passait.

Maintenant, je ne suis pas sûr du tout que vous, ainsi que moi, n'ayons pas dit une chose et pensé une autre au fond de nous. Après tout, s'il y a quelque chose qui ne va pas avec Dieu, nos problèmes restent toujours non résolus.

Il y avait ce petit garçon qui priait pour Papa et Maman et tous les autres. Et puis il a terminé, "Et Dieu, s'il te plaît, prends soin de Toi, parce que si quelque chose t'arrive, nous sommes tous perdus."

Il n'y a rien de mal avec Dieu. Il n'a pas besoin d'être réparé. C'est notre conception de Dieu qui doit être corrigée.

Tout le conflit, dans l'univers et dans nos vies, tourne vraiment autour de ce point. Soit Dieu est un tyran, soit il ne l'est pas. Soit Il nous aime, soit Il ne nous aime pas. Et il n'y aura pas de paix, ni dans l'univers ni dans nos cœurs, tant que la question ne sera pas réglée. Vous pouvez la régler dans votre cœur. Je l'ai dans le mien.

Je pensais autrefois que Dieu se tenait là, désireux de prendre tout ce que je chérissais. Et puis j'ai découvert la vérité, que c'était Lui qui me gardait pour moi, souvent de manière miraculeuse, les choses mêmes que je pensais qu'Il voulait m'enlever. Certaines des choses que je chéris le plus aujourd'hui sont des choses que j'aurais perdues depuis longtemps, par ma propre maladresse, si Dieu ne les avait pas miraculeusement gardées pour moi. Dieu infiniment patient, aimant, compréhensif ! Et je pensais qu'il me refusait le bonheur !

J'aimerais vous parler de quelque chose. C'est peut-être un problème rare. Mais je connais deux personnes qui ont grandi avec une horrible peur de vivre éternellement. Et je pense que si je connais deux personnes, il doit y en avoir beaucoup d'autres.

Cette peur de l'éternité est étroitement liée au sentiment que Dieu est un tyran, car elle nous dit que

Dieu nous y place sans notre choix, nous offrant seulement la mort comme punition et quelque chose que nous ne voulons pas comme récompense.

Réfléchissons ensemble à quelques pensées. Tout d'abord, je me demande si la véritable difficulté ne réside pas dans notre conception de la vie. Si la vie est pour nous une condition malheureuse, il n'est pas étonnant qu'il y ait une certaine horreur à regarder à travers les trillions d'années et à penser, "Encore là !" Mais si la vie est une condition glorieuse, heureuse, satisfaisante, quelle merveilleuse pensée, "Encore là !" Nous devons d'abord trouver la joie de vivre.

"Dans ta présence est la plénitude de la joie ; à ta droite, il y a des plaisirs pour toujours" (Psaumes 16:11).

Nous avons également, et de manière désespérée, besoin de régler une fois pour toutes que Dieu n'aurait jamais donné Jésus à un tel prix pour rendre possible une éternité que nous ne voudrions pas.

Vous savez, l'éternité est vraiment un maintenant continu, éternel. Ce n'est pas quelque chose qui est si loin dans le lointain qu'il vous fait suffoquer. C'est un maintenant constant, sans fin.

Nous ne vivrons jamais dans les étendues inexplicables de l'éternité qui nous ont horrifiés. Ces étendues précaires n'existent que dans l'esprit de Satan. Nous vivrons toujours dans un maintenant glorieux, doré, sécurisé sur le Rocher éternel.

Vous pourriez vouloir que la vie se termine à un moment donné, pensez-vous. Mais vous ne voudriez pas qu'elle se termine maintenant. Et ce sera toujours maintenant. Cent mille milliards d'années dans le futur de Dieu, vous connaîtrez la même joie palpitante et pulsante de vivre qui est la vôtre aujourd'hui, mais tellement plus !

Mon esprit d'enfant ne pouvait aller que jusqu'en 1993. Je pensais qu'à cette époque, nous serions tellement au bord de l'espace que sûrement le Seigneur viendrait cette année-là pour nous empêcher de tomber.

Mais c'était il y a de nombreuses années. Je n'ai jamais encore vécu dans le futur nébuleux que j'avais imaginé. Et aujourd'hui semble beaucoup plus réel et tangible que 1920.

Pourquoi laisser le futur et ses craintes nous déranger ? Nous n'y avons jamais vécu, et nous n'y vivrons jamais. Le lendemain de Dieu, tout comme le nôtre, ne vient jamais. Mais Son aujourd'hui peut être, sera toujours, glorieux au-delà des mots !

Parfois, j'aimerais que nous n'ayons pas entendu Jean 3:16 cité toute notre vie. Pour beaucoup d'entre nous, cela est devenu si familier qu'il n'a plus de sens. Mais l'autre jour, les mots ont soudainement éclaté en fleurs dans toute leur beauté. C'est ce mot "donné" qui l'a fait.

Si je pensais que "donner" signifiait "prêter". Je sais que Dieu a donné temporairement, pour un court instant, Son Fils, pour rendre possible notre salut. Mais je n'ai pas pleinement réalisé qu'Il l'a donné, sans penser à un retour, pour être l'un de nous pour toute l'éternité.

Quand nous commençons même à comprendre un amour comme celui-là, il y aura de grandes failles béantes dans la ligne de piquetage du diable et de la joie dans la maison de notre Père !

3

RISQUE

Attention, Abraham ! Ne prenez-vous pas un risque assez important ? Après tout, Isaac est le fils de la promesse, donné à vous par un miracle. Ne devriez-vous pas faire attention à la manière dont vous donnez sa vie ? Il y a une nation en jeu !

Puis il y a Sarah. Vous ne l'avez pas conseillée. Et est-il juste de laisser Isaac croire qu'il doit se donner à son Dieu ? Ne poussez-vous pas un peu trop loin votre religion ?

J'ai entendu dans des prêches parler du risque de l'abandon, du courage de faire un abandon complet à Dieu. Vous ne savez jamais ce qu'Il pourrait vous demander, couper la dernière réserve de votre cœur. Faites attention, Abraham !

Mais Abraham, il y a longtemps, ne pouvait pas entendre nos réflexions postérieures. Fidèlement, il monta le mont Morija avec le fils si cher à son cœur.

Il fut un temps où Abraham n'osait pas faire un abandon comme celui-là. Il fut un temps où il doutait un peu de Dieu. C'est pourquoi il prit Agar.

Maintenant, tout a changé. Le doute avait disparu. La peur avait disparu. La dernière réserve avait disparu. Il connaissait son Dieu. Et Dieu pouvait avoir tout ce qu'Il voulait dans la vie d'Abraham.

Il ne prenait pas de risque. Il n'osait rien, ne risquait rien. Il faisait simplement confiance à un Dieu aimant. Il était convaincu qu'un Dieu qui pouvait lui donner Isaac par un miracle pouvait le ressusciter d'entre les morts.

Isaac partageait cette foi. Et en cela, il était parfaitement en sécurité. Il était plus en sécurité sur l'autel du sacrifice que dans les salles du péché. Isaac n'a jamais été aussi en sécurité que lorsqu'il était couché, abandonné sur l'autel, entre les mains d'un Dieu aimant. Abraham et Isaac ne risquaient rien, et ne perdaient rien. Ils ont acquis une compréhension inestimable du plan de salut et l'ont partagée avec nous.

Il n'y a aucun risque dans l'abandon. Dieu ne se tient pas au-dessus de nous avec une liste de calamités et d'exigences terribles, prêt à les déverser sur nous au moment où nous nous abandonnons complètement. Il n'y a aucun risque.

Il n'est pas plus dangereux de faire un abandon complet à Dieu que pour un bébé de s'endormir dans les bras de sa mère. C'est assez risqué, n'est-ce pas ? La mère pourrait trébucher et tomber. Ou il pourrait y avoir un incendie ou un accident de voiture.

Mais avec Dieu, il n'y a aucun risque, sauf lorsque nous nous abandonnons à moitié. Quel tas de malheurs nous rendons nécessaires, combien de fois laissons-nous l'âme sans protection, en ne faisant qu'un abandon partiel et prudent. Aucune prudence n'est nécessaire, mon ami, entre les mains de Celui cloué à la croix.

"Il est sûr de lâcher tout appui terrestre, et de prendre la main de Celui qui a relevé et sauvé le disciple qui sombrait dans la mer agitée."

Une des peurs les plus tourmentantes est la peur de faire un abandon complet. Et "la peur a des tourments." Oh, si seulement nous pouvions savoir ce qu'est réellement l'abandon, avec ce qu'il n'est pas. L'abandon, ce n'est pas dire à Dieu de continuer avec toutes les choses terribles qu'Il a en tête pour nous.

L'abandon, c'est juste savoir que Dieu nous aime. C'est aussi simple que cela !

Nous compliquons tellement les choses pour Dieu, et pour nous-mêmes, quand nous nous retenons. Dieu reconnaît nos réserves. Il nous attend. Mais comment cela ralentit-il Ses plans et les nôtres ?

C'est comme être dans un cachot. Nous voulons en sortir. Dieu veut nous en sortir. Nous lui donnons une main mais nous retenons l'autre. Nous lui donnons un pied et nous nous appuyons fermement avec l'autre. C'est un processus douloureux. Et Dieu ne peut jamais nous aider tant que nous ne lâchons pas complètement partout et en même temps.

Martin Luther l'a dit. "J'ai essayé de garder les choses entre mes mains, et je les ai toutes perdues. Mais ce que j'ai donné entre les mains de Dieu. Cela, je le possède encore."

Je voulais voir le lac Tahoe. J'étais presque en colère contre Dieu parce qu'Il ne me laissait pas y aller. La propagande du diable avait tellement imprégné ma pensée que je pensais que Dieu fronçait automatiquement les sourcils à tout ce qui ressemblait au bonheur.

Je n'ai toujours pas vu Tahoe. Mais savez-vous, j'ai fait un abandon complet, cette fois-ci non pas à un tyran imaginaire, mais à un Dieu qui prend soin. C'est quelque chose que je vais toujours chérir. Il a été en train de m'inonder de bonheur depuis lors. Et je m'en fiche si je ne vois jamais Tahoe.

Parfois, la peur était tellement certaine expérience pendant si longtemps. Nous craignons que Dieu puisse nous envoyer d'une certaine manière si nous le laissons. Puis nous nous rendons. Et Il nous envoie, nous trouvons l'un des endroits les plus heureux dans nos vies. Et ensuite, dans Son amour, Il regarde en bas et dit, "Ce n'était pas si mal, n'est-ce pas ?"

Je me souviens une fois être resté à l'extérieur d'une salle de conseil où deux hommes discutaient de choses concernant mon avenir. Mais je n'étais pas inquiet. L'un d'eux était mon ami. Je n'ai même jamais demandé ce qui avait été dit. Je n'avais pas besoin de demander.

C'est ainsi que je me sens, seulement beaucoup plus encore, concernant les plans de Dieu pour moi. Je n'ai pas besoin de demander. Il est mon Ami.

Quelqu'un a dit que la foi s'avance dans un charme. Mais au fur et à mesure qu'elle avance, le gouffre devient un roc sous ses pieds.

"Il est sûr de lâcher tout appui terrestre."

Si les circonstances vous éloignent de toute aide humaine, vous n'êtes pas exclu de Lui. Si les lignes téléphoniques sont coupées, la ligne de prière est ouverte. Si le temps est un facteur, quand quelques minutes pourraient signifier le désastre ? Il n'est jamais en retard !

Le Dieu qui a entendu Pierre dans la prison, le Dieu qui m'a entendu, vous entendra ! Pierre n'a pris aucun risque, et je n'ai pris aucun risque, en faisant confiance à Dieu !

4

COMBAT ET REPOS

L'un des passe-temps préférés du diable est d'emballer des colis. Il prend un plaisir particulier à prendre un morceau de propagande rejetée, à le réemballer et à le vendre au même client qui l'a renvoyé.

Prenez cette idée que Dieu est un tyran. Nous pensions l'avoir assez bien explorée deux chapitres auparavant. Mais voilà que le diable est de retour avec une nouvelle version. Méfiez-vous !

Cette fois, il nous dit comme ça. "D'accord. Dieu est un Dieu d'amour. Allez-y et soyez sauvés. Mais vous allez devoir travailler pour ça."

La vérité est que la véritable fureur de la colère du dragon a toujours été dirigée contre le Fils de Dieu ; et contre Sa croix. Si vous ne pouvez pas éteindre votre désir de salut, il essaiera de vous faire le chercher par la mauvaise méthode. Gagnez-le, battez-vous pour lui, mais laissez Jésus de côté, c'est son truc.

Jésus a dit, "Je suis le chemin", et "Je suis la porte." Mais le diable vous encourage à grimper "par un autre moyen". Satan sait trop bien qu'il "n'y a pas d'autre nom sous le ciel, donné parmi les hommes, par lequel nous devons être sauvés." Mais il fait de son mieux pour empêcher les hommes perdus de le découvrir.

Il a tellement bien réussi que c'est évident tout autour de nous. Pratiquement toutes les fausses religions sont fondées sur l'idée de gagner son salut. Gagnez-le par de bonnes œuvres. Gagnez-le par la prière. Gagnez-le par la pénitence. Gagnez-le par la torture physique. Gagnez-le par le feu. Gagnez-le. Achetez-le. Mais Jésus est laissé de côté.

Jacob était un homme intelligent. Autosuffisant, il avait trompé son père, revendiqué le droit d'aînesse, et trompé Laban. Jusqu'à présent, sa ruse avait été suffisante.

Et puis une nuit, il rencontra le Fils de Dieu. Dans cette bataille, il proposa de gagner, comme toujours auparavant, avec la force qui était la sienne. Il lutta. Il lutta encore. Rien ne se passa.

Le matin se leva. Et l'Ange toucha le Jacob lutteur, le rendant impuissant à lutter plus longtemps.

Enfin, il était arrivé à l'endroit où il avait besoin de plus que de lui-même. Tout ce qu'il pouvait faire était de se jeter, comme le publicain priant, dans l'amour du Sauveur et de crier, "Je ne te laisserai pas partir, à moins que tu me bénisses."

Alors vint la bénédiction. Ce n'était pas dans la lutte mais dans le repos qu'il trouva Dieu.

Ce n'est que dans le repos que nous Le trouverons. Combien de fois Il a essayé de nous dire, "non par la force, ni par la puissance" ; Dieu "nous donne la victoire" ; "Je vous donnerai du repos".

Il y a besoin de lutte. Il y a une place pour l'agonie. Il y a une place pour la bataille. Jacob doit passer par la nuit de la lutte pour réaliser sa dépendance totale de Dieu.

Et c'est pourquoi nous trouvons tant de bataille et de lutte. Dieu n'en a pas besoin. Dieu ne le demande pas. Nous en avons besoin. Il semble que nous en ayons besoin pour nous enseigner la leçon du repos, simplement reposer dans Son amour.

D'une certaine manière, Dieu ne nous a pas touchés, ne nous a pas rendus impuissants, ne nous a pas mis dans une situation où nous ne pouvons pas lutter ou combattre, où nous ne pouvons rien faire d'autre que crier, "Seigneur, sauve-moi."

Que Dieu bénisse votre cœur, Dieu aurait entendu Jacob s'il avait été allongé sur son lit brûlant de fièvre, trop malade pour prononcer autre chose que Son nom. Mais Jacob ne le savait pas. Il pensait qu'il devait affronter sa situation comme il avait affronté les autres toute sa vie.

La pensée de Jacob était embrouillée par la propagande ennemie, tout comme la vôtre et la mienne. Certes, il devait lutter, mais seulement pour apprendre à se reposer.

Et il doit y avoir beaucoup de bataille dans nos vies. Mais la bataille n'est pas pour changer l'avis de Dieu. C'est pour changer nos cœurs. La plus grande bataille jamais menée est la bataille qui aboutit à la soumission de la volonté à Dieu, à Son amour.

"La bataille n'est pas la vôtre, mais celle de Dieu." Depuis combien de temps avons-nous fait de cette bataille la nôtre, luttant pour remporter une bataille qui a été gagnée depuis le Calvaire ? Pourquoi est-il si facile de combattre et si difficile de se reposer ?

Prenons cette question du pardon. Aucune lutte ne pourrait jamais le mériter. Le pardon est déjà là. Prenez-le simplement !

Mais quelle épreuve nous en faisons. Nous commençons par la confession. Mais parfois, la confession est plus détaillée que le péché, juste pour être sûr.

Maintenant, je crois que nous devrions être spécifiques dans notre confession. Mais je n'arrive pas à imaginer aller vers un démon pour confesser un tort, et avoir à lui raconter chaque mot que j'ai dit et chaque pensée que j'ai eue. Pourquoi devrions-nous penser que Dieu est comme ça ? Quel tyran nous faisons de Lui !

Ensuite, une fois confessés, nous essayons de persuader Dieu de nous pardonner. Eh bien, bénissez votre cœur à nouveau, Il n'a pas besoin d'être persuadé. Il suffit de Le lui demander. Puis croyez-le. Vous êtes déjà pardonné ! "Dieu a déjà accepté vos œuvres", j'écris à vous ,... parce que vos péchés vous sont pardonnés" 1 Jean 2:12.

Oh, ces complexes de culpabilité qui nous éloignent de Son amour pardonnant ! Le problème vient tout de nous. Pour ce qui est de Dieu, le pardon est immédiat et complet.

Prenons les lépreux. La lèpre est un type de péché. Les lépreux ont été guéris instantanément. Et nous sommes guéris du péché, instantanément, si nous le croyons.

Une fois que nous croyons que nous sommes pardonnés, le diable tourne une nouvelle page. Sur cette page, il nous dit que nous sommes pardonnés, mais qu'il va maintenant falloir beaucoup de temps pour retrouver la faveur de Dieu, du temps, et de bonnes œuvres, et de pénitence sous un autre nom.

En regardant l'expérience de David, nous voyons une séparation temporaire de Dieu pendant un certain temps après son péché, même après son pardon. Et le Cantique des Cantiques illustre graphiquement comment le péché sépare du Bien-Aimé, plus le péché est grand, plus la séparation est longue.

C'est le tableau habituel. Mais je crois que le temps de séparation est arbitraire avec Dieu. Je crois que ce n'est que notre incapacité à saisir Son amour pardonnant qui nous éloigne pour un temps.

Le diable a poussé certaines personnes complètement à bout avec ses paroles. Certaines ont décidé que Dieu ne pouvait les reprendre qu'après avoir enduré un terrible test.

Une m'a dit qu'elle était sûre que Dieu ne pouvait la reprendre que si elle avait passé un certain nombre d'heures sans penser à certaines pensées. Je lui ai dit que c'était comme l'histoire des gens à qui on vendait une formule pour fabriquer de l'or, mais en les mettant en garde que l'or ne viendrait jamais s'ils pensaient au singe aux yeux verts. Bien sûr, ils penseraient au singe aux yeux verts. Et bien sûr, elle penserait à certaines pensées. Je lui ai dit que tout ce dont elle avait besoin était de croire que Dieu l'aimait. Ai-je eu tort ?

Nous nous imposons tant de tests et d'exigences, des tests et des exigences que Dieu n'a jamais faits. Et ce sont ces tests des nôtres qui sont si difficiles, qui nous remplissent d'une telle peur. Son "joug est doux". Tout ce qu'Il commande est facile, car avec cela vient Sa Puissance. Mais pour les fardeaux qu'Il n'a pas donnés, Il ne fournit aucune force. C'est peut-être pour cela que le fardeau que vous avez est si lourd. C'est peut-être que Dieu ne vous l'a pas donné. C'est peut-être que, comme Pierre, vous voulez combattre pour Lui, alors qu'Il veut que vous vous reposiez dans Son amour.

En parlant de Pierre, vous penseriez, n'est-ce pas, qu'après son reniement public, Dieu lui donnerait un terrible test pour prouver son repentir. Savez-vous ce que le Seigneur a demandé ? Pierre avait nié trois fois. Et maintenant, trois fois, il devait dire, "Tu sais que je t'aime."

La bataille terminée, Pierre se reposa, comme Jacob se reposa, comme vous pouvez vous reposer, dans Son amour !

5

DÉBORDEMENT

Lorsque quatre hommes se réunissent autour de la table de conférence, leurs discussions ne sont généralement pas précédées de sept jours et sept nuits de réflexion ininterrompue.

Mais c'est exactement ce qui s'est passé lorsque Job, Éliphaz, Bildad et Tsophar se sont réunis. Rien de précipité avec ces hommes. Ils ont pris une semaine entière, même après s'être rencontrés, pour décider des enjeux, attribuer les blâmes et préparer les accusations.

Alors quelle conférence ce fut, jusqu'à ce que le Dieu du ciel intervienne de manière inattendue et bouleverse le raisonnement de tous. Le débordement de ces discussions est parvenu jusqu'à aujourd'hui et jusqu'à nos vies.

Je me demande pour qui bénéficiait l'expérience de Job. Était-ce pour Job, ou ses amis, ou pour prouver un point à Satan ? Ou était-ce pour nous tous ?

Job était probablement aussi sûr que ses amis avaient besoin de la leçon que ces derniers étaient sûrs qu'il en avait besoin. Et d'après ce que j'ai entendu dire sur Job, il aurait probablement été prêt à endurer presque n'importe quoi pour le salut de ses amis. Mais il ne lui est jamais venu à l'esprit, jusqu'à ce que Dieu ait terminé Ses interrogations, qu'il puisse lui-même avoir besoin d'une telle expérience.

Prêt à laisser son calice déborder pour ses amis, Job ne se rendit pas compte qu'un calice ne déborde jamais sans que le calice lui-même soit touché et rempli.

Le pasteur médite profondément. Il pense à son peuple et à ses besoins. Enfin, il a trouvé ! Voici juste le repos ! Quelle bénédiction cela leur apportera !

Non, Pasteur. Ça ne marche pas comme ça. La bénédiction ne débordera pas tant que vous n'aurez pas été béni. Le débordement ne contourne pas le calice. Le calice doit d'abord être touché.

Il est très louable de penser aux autres et à leurs besoins. C'est très altruiste d'être prêt à passer par n'importe quelle expérience qui pourrait aider les autres, même si nous-mêmes nous n'en avons pas besoin. Mais il y a une pensée dangereuse cachée là-dedans, un peu de complexe de martyr, et un peu de peur. Réglez une fois pour toutes que Dieu ne nous envoie jamais une expérience pour le bien des autres dont nous n'avons pas besoin nous-mêmes !

"Toutes ces choses leur sont arrivées pour servir d'exemples, et elles ont été écrites pour notre instruction, à nous qui sommes parvenus à la fin des siècles" (1 Corinthiens 10:11).

Réfléchissez-y. Abraham devait-il sacrifier Isaac juste pour illustrer le salut ? Les épreuves de David étaient-elles juste pour lui permettre d'écrire de beaux poèmes pour nous ? Jonah devait-il être avalé par le poisson ? Les Hébreux ont-ils traversé la fournaise ardente, et Daniel la fosse aux lions, juste pour nous donner la foi ? Et pauvre Job. Toutes ses plaies étaient-elles juste pour nous apprendre la patience ?

Ne pensez jamais ça ! Un Dieu d'amour ne fonctionne pas comme ça. Certes, Il regardait en avant, pensant à nous aujourd'hui. C'est pourquoi ces expériences ont été consignées par écrit. Mais ce n'est pas pourquoi elles se sont produites. Abraham et David et Jonah et Daniel et Job avaient besoin dans leur propre vie, de ce qui leur est arrivé.

Et nous avons besoin de ce qui nous arrive. Dieu ne pense pas seulement à quelqu'un d'autre que notre expérience pourrait aider. Il pense à une faiblesse cachée dans notre caractère, quelque chose que nous ne savons pas exister, qu'Il voit pourrait surgir pour nous détruire dans la crise. Et donc Il nous permet de le rencontrer et de le surmonter maintenant.

"Bien-aimés, ne soyez pas surpris de la fournaise qui est au milieu de vous pour vous éprouver, comme si quelque chose d'étrange vous arrivait" (1 Pierre 4:12). Ce mot "étrange". Quelque chose d'étrange est un étranger pour nous, étranger pour nous, quelque chose qui ne nous concerne pas. Mais ces épreuves nous concernent. Elles sont pour nous, pas pour nos amis. Le verset suivant nous dit pourquoi elles viennent. Leur but est que "sa gloire soit révélée" en nous, nos caractères transformés à Son image.

Nous ne souffrons pas pour nos amis. Christ est le seul souffrant par procuration. La souffrance survient parce que nous avons besoin de sa bénédiction. Mais, oh, quelle merveille que la bénédiction ne s'arrête pas à nous. Dieu la laisse déborder sur nos amis, et encore et encore ! Et le calice peut déborder.

On a dit que c'est le calice plein qui est si difficile à porter. Peut-être, si vous allez être si prudent pour ne pas laisser ses bénédictions déborder dans la vie des autres. Mais pourquoi marcher avec tant de précaution ? Pourquoi essayer de garder la bénédiction ? Marchez joyeusement sur votre chemin, et laissez-la déborder !

6

JE SUIS LE BESOIN

SI VOUS aviez le pouvoir de toucher et guérir les malades, et même de rappeler vos proches à la vie, seriez-vous heureux ?

Si vous aviez le pouvoir de changer les circonstances qui vous entourent, d'éliminer la pauvreté que vous voyez, seriez-vous heureux ?

Cela semble être un merveilleux rêve éveillé. Mais même si cela se réalisait, cela n'apporterait pas la joie dans sa complétude.

Il y a des familles où il n'y a pas de pauvreté, pas de maladie, et où la mort n'a pas encore atteint le cercle intérieur. Mais il y a du malheur. Il y a de la peur.

Il y aura du malheur tant qu'il y aura de la peur. Et il y aura de la peur tant qu'il y aura du péché. La peur vient du péché. Dès qu'Adam a péché, il a eu peur.

La peur ne pourra jamais être éradiquée de l'univers, ou de votre propre cœur, tant que le péché ne sera pas parti.

La psychiatrie moderne fait un si long détour. Elle fouille dans la grange à la recherche de indices qu'elle ne sait pas quoi faire quand elle les trouve. Parfois, elle s'éloigne tellement du sentier au point de recommander le péché comme un remède contre la peur.

Je vous pose la question la plus simple qui soit. Comment la cause de la peur peut-elle être son antidote ?

Parfois, la religion a été blâmée pour un esprit déséquilibré. La vraie religion n'a jamais encore déséquilibré un esprit. Il y a une femme qui est devenue mentalement perturbée parce qu'elle ne pouvait pas parler en langues. Mais ce n'était pas la faute de la religion. C'était son manque de compréhension de celle-ci.

“Mon peuple est détruit par manque de connaissance” (Osée 4.6)

Je suis convaincu que beaucoup d'esprits sont devenus déséquilibrés, ou sont en voie de l'être, à cause d'un échec à comprendre les principes simples de l'Évangile.

L'étude du contexte et de l'environnement a sa place. Mais nous ne vaincrons jamais la peur tant que nous ne serons pas prêts à reconnaître que sa vraie cause est le péché, pas le contexte ou l'environnement ou quoi que ce soit d'autre.

Il y a de l'espoir pour moi seulement lorsque je réalise que le problème n'est pas avec les circonstances mais avec moi. Les circonstances n'ont pas besoin de changer. J'ai besoin d'être transformé. Je suis la graine !

Nous prions Dieu de faire beaucoup de choses pour nous et à notre sujet. Nous avons besoin de certaines choses faites en nous. “Dieu, sois apaisé envers moi, qui suis un pécheur.”

N'est-ce que théorie ? Le péché a-t-il quelque chose à voir avec la peur ? Bien sûr que oui !

Une certaine femme étudiait la Parole de Dieu. Son Esprit parlait à son cœur. Elle accepta Son appel à le suivre. Puis, juste pendant quelques jours, elle se détourna. Elle m'a dit que pendant ces quelques jours, elle avait constamment peur. Elle avait peur de laisser son petit garçon aller jouer dehors.

Est-ce qu'elle craignait qu'un Dieu en colère ne lui inflige une punition ou à son petit garçon ? Je ne le pense pas. Mais elle était séparée de Dieu. Et toute âme qui est séparée a peur.

Vous savez que c'est vrai, mon ami. Vous le savez au fond de votre propre cœur.

Le seul remède contre la peur, contre le péché, c'est Dieu. Le connaître, c'est la vie éternelle. Y a-t-il un peu de doute sur Dieu ? Le seul moyen de Le connaître comme Seigneur est de Le connaître comme le vainqueur du péché dans votre cœur. Jusqu'à ce moment-là, il y aura du doute.

Oh, vous dites, je ne doute pas de Dieu. Je ne doute que de moi-même. Je ne crains pas que Dieu ne puisse pas me garder. J'ai seulement peur qu'il y ait des moments où je ne voudrai pas être gardé. Je crains ma propre volonté, mon propre choix.

Il y a de l'espoir, mon ami, un espoir abondant. Si Dieu ne peut pas sauver le pécheur qui veut arrêter de pécher, le douteux qui veut arrêter de douter. Il n'est pas Dieu du tout.

En effet, Dieu ne force pas la volonté. Il ne garde pas celui qui ne veut pas être gardé. Mais si vous avez même une étincelle de désir de salut, vous pouvez crier. “Seigneur, je crois. Aide-moi dans mon incrédulité.” Et Il vous sauvera. S'Il peut me rejoindre, Il peut atteindre n'importe où et n'importe qui.

Votre propre volonté peut être endommagée par des choix erronés continus. Mais vous pouvez la lui donner. Et Il travaillera “en vous, tant pour le vouloir que pour le faire, selon son bon plaisir.”

Vous pensiez qu'Il ne pouvait pas toucher une volonté longtemps inclinée vers le mal. Mais Il le peut. Il peut la recréer à Son image, avec votre cœur et votre esprit, si vous le laissez faire. Douter de Sa puissance à faire cela, c'est douter de Dieu. C'est douter du cœur même de l'Évangile !

Mais nous ne serons jamais libérés du péché si nous ne voulons pas en être libérés, tant que nous ne serons pas prêts à l'appeler par son vrai nom. Il n'y a pas d'aide tant que le péché n'est pas appelé péché et que je peux appeler un pécheur et savoir que je suis le besoin !

Pourquoi Dieu n'a-t-il pas aboli le péché dès qu'il est entré dans l'univers ? Il l'a laissé se développer pour montrer sa vraie nature. Pourquoi n'a-t-il pas aboli le péché dans ma vie dès qu'il est entré ?

La raison est la même. Il a permis ces rencontres avec le péché pour que je puisse voir sa vraie nature, pour que je puisse le haïr pour ce qu'il est, pas seulement pour ses résultats. Je le hais parce qu'il m'a séparé de Dieu, parce qu'il ne peut pas avoir Sa bénédiction. Je sais maintenant quel jouet mortel il est. Je sais maintenant qu'aucune quantité d'éducation ou de compréhension, d'essais et d'erreurs, ou de leçons apprises ne peut me sauver du péché. Il doit le faire pour moi.

“Et tu lui donneras le nom de Jésus ; car c'est lui qui sauvera son peuple de leurs péchés.”

Mettons-nous à genoux ensemble, vous et moi, en tant que deux de Ses peuples, et disons, “Seigneur, voici la promesse, et je suis le besoin !”

7

SUITE À LA FATIGUE

JE N'AIME PAS la façon dont certaines histoires se terminent. Et je n'aime pas la suite de certaines expériences au sommet de la vie.

Elie, au sommet de la montagne, avait une foi invincible. Mais après l'épreuve sur le Carmel et la longue course en tête du chariot d'Achab, sa foi, tout comme son corps, s'est fatiguée.

Mais ne grondez pas Elie. Dieu ne l'a pas fait ! Un Père aimant savait ce dont son enfant fatigué avait besoin : du repos, de la nourriture et du repos.

La plus grande foi, logée dans un corps fatigué, montre souvent des signes de fatigue. Et la suite de la fatigue peut être la peur avec sa tension ou la foi avec son repos. Puisque nous écrivons l'histoire, c'est à nous de décider.

La fatigue est comme une bombe à retardement. N'importe quel incident peut être la mèche. Les larmes sont l'emballage. Il faut de l'amour, un amour compréhensif, pour déchirer l'emballage, couper la mèche et sauver la vie pour Dieu.

La fatigue et les larmes sont si compréhensibles si nous voulons comprendre, si déconcertantes si nous ne nous en soucions pas. Pas étonnant qu'il y ait tant de gens oubliés dans les hôpitaux où les cœurs et les esprits sont effrayés.

Nous sommes parfois trop impatients et si incohérents. Nous sommes plus généreux avec nos voitures qu'avec nos amis. Nous n'avons pas le temps pour les larmes, aucune inclination à découvrir pourquoi. Mais si notre voiture ne fonctionne pas correctement, nous devons connaître la cause. Nous ne blâmons pas une voiture de ne pas fonctionner correctement sans huile, ou quand un boulon a besoin d'être resserré. Mais nous nous attendons à ce que nos amis fonctionnent sans repos. Il se pourrait que l'huile de compréhension et le resserrage du boulon de l'amour résolvent certains problèmes.

Quand la foi est fatiguée, tout peut arriver. La bombe de fatigue explose sous différentes formes. Vous les connaissez. Vous les avez ressentis.

Hier, sur les montagnes, vous avez connu la joie des péchés pardonnés. Aujourd'hui, dans la vallée de la fatigue, le sentiment de culpabilité vous submerge. Hier, vous avez reposé votre vie avec confiance sur le Rocher des âges. Aujourd'hui, vous vous sentez si insécurisé. Vos pieds fatigués ne peuvent pas sentir le Rocher sous eux.

Hier, vous étiez enthousiasmé par le succès. Aujourd'hui, la fatigue, plus un incident, vous laisse avec un sentiment de frustration. Vous êtes vaincu, un échec désespéré. La vie semble totalement futile.

De plus, sur la montagne, vous connaissiez l'amour, la compagnie et la confiance. Dans la vallée, vous vous sentez abandonné, seul, indésirable et inutile.

La suite à tout cela, trop souvent, est la peur, la peur qui se traduit par la dépression mentale, un sentiment d'infériorité, une hypersensibilité, un surémotivisme, une indécision et des actes anormaux ou subnormaux commis dans la dépression.

C'est un Sauveur compréhensif qui nous prescrit, comme pour le fatigué Elie, du repos, un vrai repos, littéral.

Et puis, quand nous nous sommes reposés, Il nous prépare une table et nous invite à nous lever et à manger. Le voyage est trop grand pour nous, et nous aurons besoin de la nourriture qu'Il donne.

Coupable, “Moi non plus, je ne te condamne pas : va, et ne pèche plus.”

Craintif, “Ne crains point, crois seulement.”

Échoué, “Ton travail sera récompensé.”

Dubitatif, “Il y a de l'espoir à la fin.”

En pleurs, “Retiens la voix de tes pleurs, et tes yeux de larmes.”

Insécurisé, “Nul ne peut poser un autre fondement que celui qui est posé, qui est Jésus-Christ.”

Solitaire, “Je t'ai appelé par ton nom, tu es à moi.”

Non désiré, “Je vous ai choisis.”

Déprimé, “Tournez-vous vers moi.”

Hypersensible, “Je vous donne ma paix.”

Inférieur, “Je t'ai aimé d'un amour éternel.”

Indécis, “Tes pensées seront établies.”

Désespéré, “Tiens bon.”

Fatigué, vous “marcherez, et vous ne vous épuiserez pas.”

Quel banquet de promesses glorieuses !

Quelle suite à la fatigue ! Le voyage est devant nous, et le voyage est grand. Vous qui devez faire l'œuvre d'Elie, avec la foi d'Elie, levez-vous et mangez !

8

PRESCRIPTION

QUEL MONDE CONFUS, fatigué et malade dans lequel nous vivons. Comme il a besoin d'une prescription!

"Venez à moi, vous tous qui êtes fatigués et chargés, et je vous donnerai du repos."

Quelqu'un a dit de ces paroles : "C'est une prescription pour la guérison de tous les maux mentaux, physiques et spirituels."

Mais le monde a rejeté la prescription du Grand Médecin. Elle semblait trop simple et pourrait être coûteuse. Ainsi, le monde, tel un patient confus, s'est dirigé vers le comptoir des médicaments et est reparti avec une brassée de contrefaçons et de remèdes de charlatans pour se traiter lui-même.

Regardez-le maintenant. Il boit de l'alcool à la place de l'eau de vie. La fumée de cigarette prend la place de l'encens de la prière. On lit des bandes dessinées à la place de la Parole de Vie. Son pouls s'accélère avec des films de problèmes illusoires, tandis que les siens restent non résolus.

Il crie lors d'un match de lutte alors que les dernières batailles de la controverse entre le bien et le mal sont en cours. Il parie sur les courses, tandis que Satan ne parie même pas sur leurs âmes, il les possède, perdants dans la course de la vie.

Le monde reste éveillé avec un rythme effréné, et s'endort avec des pilules. Et jamais le temps de penser. Penser est trop douloureux. Quel désordre !

Le monde a trois grands besoins : la guérison physique, mentale et spirituelle. Le ciel a des prescriptions pour chacun.

Pour la guérison physique, Dieu dit : "Je te rendrai la santé et je te guérirai."

Le meilleur que le monde puisse offrir, ce sont des médicaments. Ces médicaments ont leur place. Utilisés à bon escient, ils détruisent le corps.

Pour la guérison mentale, Dieu dit : "Je vous donnerai un nouveau cœur." Et : "Renouvelez vos pensées." Dieu offre un nouvel esprit.

Le meilleur que le monde puisse offrir, ce sont des traitements de choc qui ne font que confondre définitivement l'esprit. D'autres pensent qu'ils sont utiles. Ils peuvent dissimuler la peur et la rendre facile à gérer. Je doute que rien d'autre que l'amour de Dieu puisse chasser définitivement la peur. Au mieux, les traitements de choc ne sont-ils pas un piètre substitut à l'esprit nouveau que Dieu promet ?

Pour la guérison spirituelle, Dieu promet "le pouvoir de devenir fils de Dieu".

La psychiatrie suggère souvent que nous n'avons pas d'inhibitions. Ce conseil mène au péché. Le péché mène en enfer. En enfer, l'âme est détruite. Est-ce là la guérison ?

Le diable vise à détruire le corps, à confondre l'esprit et à opprimer l'âme, tout en prétendant guérir.

Le but de Dieu est de restaurer le corps, de renouveler l'esprit, de guérir l'âme malade du péché et de préparer une personne heureuse pour la communion avec Lui-même.

Le monde tourne le dos au seul remède véritable contre ses maux. De nombreuses institutions pour le soin des malades mentaux rejettent comme douteux ce qui aiderait le plus leurs patients. Une Bible pourrait perturber le patient. La musique des vieux hymnes pourrait faire couler des larmes. Ils pensent que les meilleurs ajustements sont faits avec de la fumée de cigarette, de la bière, des ordures télévisuelles et de la musique swing.

Certains médecins aujourd'hui n'hésitent pas à recommander ouvertement des péchés, ce qui ne peut que produire des déséquilibres bien plus importants. Dieu merci pour le témoignage de Jésus, criant presque seul contre les péchés que la pensée professionnelle moderniste a civilisés. Il y a encore une voix qui appelle ces choses ce qu'elles sont : "diaboliques", "destructrices de l'âme et du corps". Comme nous avons besoin de sa mise en garde selon laquelle "une indulgence empoisonnera la vie".

Il y a une place pour la psychothérapie aujourd'hui. J'apprécie les psychologues chrétiens que nous avons. Mais je crois de tout mon cœur qu'un ministre du gospel consacré et compréhensif peut faire plus pour une âme malade du péché et de la peur que n'importe quel psychothérapeute. La psychologie peut diagnostiquer, mais seul l'Évangile guérit vraiment.

> Une grande partie de notre psychiatrie moderne est un substitut du monde au travail du ministre et au pouvoir de Dieu. Certains ont

dépensé beaucoup de temps et d'argent pour le découvrir.

Le Seigneur dit : "Je mets devant toi le chemin de la vie et le chemin de la mort" (Jérémie 21.8).

Le monde vous offre des médicaments. Le Sauveur vous offre Son repos. Vous avez essayé le chemin de la mort. Essaierez-vous le chemin de la vie ? C'est la propre prescription de Dieu !

9

ARC-EN-CIEL

C'était mon premier voyage dans le ciel. Tous les frissons habituels liés à quitter cette terre pour la première fois étaient présents : voir le monde de côté alors que nous tournions dans les airs, la surprise qu'il n'y ait aucune sensation de vitesse, bien que nous voyagions à plus de deux cents milles à l'heure.

Mais une chose se démarque. Nous étions dans les airs depuis environ quatre-vingt-dix minutes. En dessous de nous, il y avait des lumières. Je me demandais où nous étions. Il y avait plus de lumières, et devant. J'ai alors compris que c'était Los Angeles. Mais les lumières étaient partout. Elles ne s'arrêtaient pas. De plus en plus. Cinq, dix, quinze minutes. Nous étions toujours au milieu d'elles. Seul celui qui est tombé dans une grande ville du ciel la nuit peut comprendre. C'était une vue que je n'oublierai jamais.

Je cherchais une promesse un jour. En trouverais-je une qui conviendrait au besoin ? Je n'ai pas trouvé une seule, mais de plus en plus. Des promesses partout, comme les lumières de Los Angeles.

"Par lesquelles nous ont été données les plus grandes et précieuses promesses, afin que par elles vous deveniez participants de la nature divine." (2 Pierre 1.4).

De grandes et précieuses promesses, une multitude d'entre elles. Et elles ne sont pas seulement des mots. Elles ne sont pas seulement une lecture belle et réconfortante. Elles ne sont pas quelque chose à lire parce que nous le devrions. Il y a de la vie dans les promesses. Elles nous rendent participants de Sa nature. Et puis, "si vous faites cela, vous ne tomberez jamais" (2 Pierre 1.10).

Dans les promesses, donc, il y a non seulement encouragement, mais aussi le pouvoir de nous garder de tomber. Que demandons-nous de plus que cela ? Dans cette promesse, nous pouvons nous reposer sans crainte !

J'ai trouvé cette déclaration dans ce merveilleux livre, Le Désir des Âges, page 493. "L'arc-en-ciel de la promesse entourant le trône d'en haut est un témoignage éternel que Dieu a tant aimé le monde, qu'il a donné son Fils unique." Il témoigne à l'univers que Dieu n'abandonnera jamais Son peuple dans leur lutte contre le mal. C'est une assurance pour nous de force et de protection aussi longtemps que le trône lui-même subsistera."

Un arc-en-ciel de promesse autour du trône ! Oui, et un arc-en-ciel de promesses dans Sa Parole ! Quel gage d'amour nous avons !

Regardez encore une fois quelques-unes des belles couleurs. "Je suis avec toi tous les jours." "L'ange de l'Éternel campe autour de ceux qui le craignent." "Il donnera les désirs de ton cœur." "Comme un père prend pitié de ses enfants." "Ne crains rien, car je suis avec toi." "Je ferai des ténèbres ta lumière." "Aucun mal ne t'arrivera." "Tu n'auras pas peur." "Aucune arme forgée contre toi ne réussira." "Il pardonne abondamment." "Y a-t-il rien d'impossible pour moi ?"

Ce ne sont que des débuts. Vous connaissez les couleurs dans toute leur beauté, se mêlant à chaque besoin changeant.

Et puis !

Vous savez comment vous vous sentez lorsque vous découvrez un double arc-en-ciel. Je pense avoir trouvé un double arc-en-ciel dans les écrits d'Ellen G.

White, l'auteur du Désir des Âges. Ce sont les mêmes couleurs, un reflet parfait, atteignant si près du ciel et si proche de la terre.

J'ai regroupé certaines des plus belles déclarations dans un cahier spécial pour pouvoir les retrouver facilement. Je l'appelle le livre de l'arc-en-ciel. Puis-je partager quelques morceaux de couleur avec vous ?

"Lorsque, dans la foi, nous prenons sa force, il changera, merveilleusement changera, la perspective la plus désespérée et décourageante. Il fera cela pour la Gloire de Son nom."

"Notre Père céleste a mille moyens de pourvoir à nos besoins dont nous ne savons rien."

"Dieu ne guide jamais Ses enfants autrement qu'ils ne voudraient être guidés s'ils pouvaient voir la fin dès le début, et discerner la gloire du dessein qu'ils Lui présente, exactement le cours à suivre."

"Le destin n'a pas tissé ses mailles autour de quelqu'un si fermement qu'il doit rester impuissant et dans l'incertitude."

"Lorsque vous venez à Lui, croyez qu'Il vous accepte parce qu'Il l'a promis. Vous ne périrez jamais tant que vous ferez cela ; jamais."

"L'amour de Christ pour Ses enfants est aussi tendre qu'il est fort. Et il est plus fort que la mort."

"Les circonstances ont peu à voir avec les expériences de l'âme. Un homme en paix avec Dieu et ses semblables ne peut être rendu misérable."

"Lorsque avec sérieux et intensité nous respirons une prière au nom de Christ, il y a dans cette intensité même une promesse de Dieu qu'Il est sur le point de répondre à notre prière 'abondamment au-delà de tout ce que nous demandons ou pensons.' "

"Rien ne peut se mettre sur Son chemin. Sa puissance est absolue et elle est la garantie de l'accomplissement sûr de Ses promesses envers Son peuple."

"Quel que soit notre chagrin, notre deuil ou notre solitude, nous avons un Ami compatissant."

"Aucune âme qui, dans la pénitence et la foi, a réclamé Sa protection, Christ ne permettra qu'elle passe sous le pouvoir de l'ennemi."

"Satan ne peut retenir les morts dans son emprise lorsque le Fils de Dieu leur ordonne de vivre. Il ne peut maintenir dans la mort spirituelle une âme qui, dans la foi, reçoit la parole de pouvoir de Christ."

"Ce n'est pas le pouvoir de la terre ou de l'enfer de contraindre quelqu'un à faire le mal."

"Dans chaque commandement et chaque promesse de la Parole de Dieu est la puissance, la vie même de Dieu, par laquelle le commandement peut être accompli et la promesse réalisée."

Comment pourrions-nous craindre, avec des mots comme ceux-là ?

Arc-en-ciel, double arc-en-ciel que nous avons, alors que la lumière de la présence de Dieu brille dans la brume montant du printemps de Son amour infini. Laissez-Le enterrer vos peurs à la fin de l'arc-en-ciel, dans l'océan de Son oubli, où elles ne seront jamais retrouvées.

Et l'arc-en-ciel de la promesse brille toujours, "aussi longtemps que le trône lui-même subsistera."

10

CONFIANCE AU COUCHER DU SOLEIL

La fin de la semaine approchait. Le travail de la semaine était terminé. Le travail était très bon. Le soleil retirait ses derniers rayons à contrecœur de la fraîcheur radieuse de l'atmosphère, alors qu'il glissait lentement derrière l'horizon. Le coucher du soleil ! Et Dieu se reposa !

Le travail de la semaine de la Création n'avait pas fatigué Dieu. Il aurait pu créer mille mondes sans fatigue. Mais Il se reposa.

Tout n'était pas bien dans l'univers à cette heure du coucher du soleil. Le péché s'était introduit dans la paix parfaite de la vaste domination de Dieu. Dieu savait que son infection mortelle pourrait prendre racine dans le beau monde qu'Il venait de créer. Dieu connaissait son potentiel, et pourtant Il se reposa !

Il se reposa dans une confiance parfaite que le voile du salut, déjà convenu entre le Tout-Puissant et le Créateur, serait mis en œuvre si nécessaire, et serait couronné de succès.

Jamais il n'y eut d'heure de coucher de soleil plus difficile pour la Divinité de se reposer. Mais Dieu se reposa, tout comme nous pouvons "entrer dans Son repos à la fin de la semaine".

Le repos n'est pas simplement une chose physique. C'est beaucoup plus une attitude de l'esprit. C'est une attitude de confiance et de foi. S'abstenir de travailler le jour que Dieu revendique comme le sien ne suffit pas. L'adorer ce jour-là ne suffit pas. Son repos doit être notre repos.

Dans la semaine écoulée, vous vous êtes vu comme un pécheur. Vous avez reconnu le péché dans votre vie, tout comme Dieu a reconnu sa présence dans l'univers. Mais alors que le soleil glisse vers l'ouest, vous pensez à l'Évangile. Vous pensez à Son plan pour vous et à Sa confiance en vous. Vous pensez à Son amour pour vous et à Sa confiance qu'Il ne vous abandonnera pas.

Alors que vous vous agenouillez, aussi pécheur que vous êtes, vous lui faites confiance pour abolir le péché dans votre vie. Concernant le péché qui vous a retenu captif, vous croyez en Sa promesse, "Il en fera une fin totale" (Nahum 1.9).

Confiant en la puissance de votre Créateur, vous lui faites confiance pour accomplir une œuvre de recréation dans votre vie, pour faire d'un pécheur un saint. Vous confiez votre vie à l'amour d'"un Créateur fidèle", en lui faisant confiance pour tisser dans sa tapisserie parfaite les fils de votre expérience. C'est le repos. C'est la paix.

Le Sabbat est un antidote contre la peur, car le véritable Sabbat ne connaît pas la peur.

"Le Sabbat est un fermoir doré qui unit Dieu et son peuple."

En unissant Dieu à son peuple, il est un fermoir. Les séparant comme les siens, c'est un signe. Écrivant son nom sur leurs fronts, c'est un sceau.

Ce ne sera jamais une transaction, une signature, sur nos fronts jusqu'à ce que son nom, son caractère, y soit écrit, jusqu'à ce que le Sabbat soit devenu un signe extérieur de transformation intérieure. Son repos doit être le nôtre. Sa confiance doit être la nôtre. Son caractère doit être le nôtre.

Quel est son nom ? Quel est son caractère ? "Et l'Éternel descendit dans la nuée et se tint là avec lui, et proclama le nom de l'Éternel. Et l'Éternel passa devant lui et proclama. L'Éternel, l'Éternel Dieu, miséricordieux et compatissant, lent à la colère, et abondant en bonté et en vérité, gardant la miséricorde pour des milliers, pardonnant l'iniquité, la rébellion et le péché" (Ex 34.5-7).

Le Sabbat est un mémorial du repos de Dieu à la Création. C'est un mémorial du repos de Jésus dans le tombeau, l'œuvre de la rédemption accomplie. Il doit également être un mémorial d'une œuvre de grâce dans nos cœurs. Ce ne sera jamais le cas tant que nous n'aurons pas appris à lui faire confiance complètement, aussi complètement qu'Abraham et Isaac sur la solitaire montagne de Morija.

L'ennemi de nos âmes craint le Sabbat. Il le craint pour ce qu'il peut faire pour une humanité trompée, affligée, craintive. Et parce qu'il le craint, il nous suggère qu'il y a une tyrannie dans le commandement du Sabbat.

Combien peu l'ennemi peut-il comprendre la bénédiction du Sabbat ! Ces milliers d'années, il n'a connu aucun amour, aucune confiance, aucune foi. Il les a fermement exclus de son cœur. Il n'a connu que la haine, la suspicion et la peur. Comment peut-il comprendre le Sabbat ? Comment peut-il comprendre un amour qui peut prendre les captifs du péché et faire de chacun "une nouvelle créature", confiant et heureux dans les soins du Créateur ?

Mais pour nous, que chaque heure de coucher de soleil du Sabbat apporte la joie de l'amour parfait, de la confiance parfaite et de la foi parfaite ; jusqu'à ce que Son image se reflète clairement, distinctement et durablement dans des cœurs volontaires !

11

PARCE QUE NOUS SOMMES UN

Les grands rideaux sont lentement tirés de côté, et nous nous trouvons devant la plus grande peinture du monde. La Crucifixion, abritée dans la moitié de la Crucifixion de Forest Lawn.

Elle dépeint si vivement ce dernier moment terrible avant que Jésus ne soit cloué sur la croix. Combien peu de personnes parmi les groupes qui se tiennent là, certains ennemis, certains amis, certains simplement curieux, savent ce qui se passe.

Notre imagination nous emmène au-delà du tableau, dans ces heures sombres et terribles sur la croix. Nous entendons le cri, "Mon Dieu, mon Dieu, pourquoi m'as-tu abandonné ?" Nous le voyons mourir, non pas à cause de la torture de la crucifixion, mais à cause du poids de vos péchés et des miens.

La mort par crucifixion était un processus long et lent, prenant généralement des jours. Ce n'est pas la crucifixion qui a tué le Sauveur, ce sont nos péchés et nos craintes. Il les connaissait. Il les ressentait, chacun d'eux, à cette heure. Et leur poids a écrasé sa vie.

Nous savons maintenant que le cri de Jésus était arraché d'un cœur séparé de son Père pour la première fois. Il ne pensait pas simplement que Dieu l'avait abandonné. Dieu l'avait effectivement abandonné. Il doit toujours y avoir une culpabilité entre Dieu et le péché. Et parce que Jésus s'était identifié au péché, la séparation devait venir.

Personne n'a jamais connu la peur comme Jésus l'a connue alors, Il connaissait chacune de nos peurs. Et Il connaissait la peur d'un pécheur perdu éternellement. La sienne était la peur écrasante que Son Père ne puisse pas le reprendre, après une telle identification avec le péché. Il craignait que la séparation ne soit éternelle. Et pourtant, un amour comme ça ! Comment puis-je le décrire ?

David avait écrit vivement sur la souffrance mentale de Jésus plusieurs siècles auparavant. Si David avait pu veiller près de la croix, il aurait vu l'accomplissement des mots qu'il avait écrits sous l'inspiration se dérouler devant ses yeux. David aurait pu comprendre !

Je suis content que David n'ait pas été là. Il aurait rappelé ses péchés, des péchés qui ont contribué à rendre Calvaire nécessaire. Et cela aurait été trop. Nous devrions nous sentir exactement comme ça !

Lisez le vingt-deuxième psaume. Lisez-le encore et encore, et laissez-le donner une nouvelle signification à la croix. Entendez le cri du Sauveur, "Pourquoi es-tu si loin pour m'aider, et des mots de mon rugissement ? O mon Dieu, je crie le jour, mais tu n'entends pas."

Toute la vie du Sauveur avait été soutenue par la conscience d'unité avec son Père. Mais maintenant cette union était brisée.

"Mais toi, tu es saint."

La présence de son Père est partie, la foi de Jésus ne pouvait s'accrocher qu'à une seule chose : la connaissance du caractère de son Père. Sa prière est restée sans réponse. Mais le caractère de son Père était inchangé !

La terrible souffrance continue. Il dit à son Père l'amour que d'autres ont eu confiance, et ont été délivrés. Il lui parle des railleries de ceux autour de la croix. Il parle de la façon dont il a dépendu de son Père tout au long de sa vie terrestre.

Dans son humanité, il crie, "Ils ont ouvert leur bouche contre moi, comme un lion qui rugit et déchire. Je suis versé comme de l'eau, et tous mes os sont disjoints, mon cœur est comme la cire. Ma force est tarie. Les chiens m'ont entouré".

Les pécheurs n'ont connu aucune peur que le Sauveur n'a pas ressentie en cette heure terrible. Sa souffrance était comme la torture du délire tremens, multipliée par cent. C'était pire que les horreurs de la fosse aux serpents.

Enfin, presque écrasé, il crie silencieusement à son Père caché, "Mais ne sois pas loin de moi : hâte-toi de m'aider. Sauve-moi de la gueule du lion."

Les suggestions de Satan, la gueule du lion, étaient la grande tentation à cette heure. Nous ne pouvons jamais connaître la férocité de la tentation de montrer sa divinité, de descendre de la croix, de laisser l'homme ingrat mourir pour lui-même. Nous ne pouvons jamais comprendre la crainte épouvantable qui était la sienne alors qu'il regardait dans la tombe béante et ne pouvait pas voir au-delà.

Et pourtant, cachées dans les expressions de son agonie, ces paroles, "Tu m'as entendu."

C'était comme s'il avait dit, "Père, tout est sombre, tout est peur. Mais parce que je te connais, je peux avoir confiance."

Quelle foi est-ce là ? N'avoir aucune réponse, ne voir aucun moyen de sortir, l'union avec son Père brisée, avec seulement la connaissance du caractère de son Père pour le soutenir ! Regarder dans le puits le plus sombre du désespoir, faussement accusé, frustré, abandonné, sa vie un échec apparent ! Et pourtant croire ! Voilà la foi de Jésus ! Voilà la foi dont nous avons besoin !

Autrefois le cœur brisé, accablé de soucis,

Là sur la croix, Il mourut ;

Mais maintenant, Il répand sa lumière partout,

Jésus, le Crucifié.

Il est la lumière qui brille depuis le Calvaire,

Chassant les ténèbres à travers l'éternité ;

Toutes les autres lumières se sont éteintes,
mais sont toujours inaltérables.

Là brille la belle Lumière du Calvaire !

Commencez-vous à voir comment la foi de Jésus, l'amour de Jésus, peut dissiper toute notre peur, toutes les tentations, toutes les afflictions qui ne pourraient jamais nous arriver, parce que Lui, sur le Calvaire, les a connues toutes ?

Et commencez-vous à voir qu'un Père aimant peut ne pas répondre à certaines de nos prières les plus petites, aux désirs réels de nos cœurs ? Il n'y a aucune peur à le connaître, seulement une confiance calme et durable.

Jésus, prends ma main et laisse-moi te faire confiance,

Sache que ma prière est parvenue à Ton trône au-dessus,

Bien que je n'aie aucune garantie que Tu m'as entendu,

Sauve-moi de la gueule du lion.

Jésus, prends ma main, ne la laisse jamais partir !

Les chemins peu éclairés sont les miens ;

Mais faire confiance est plus doux que de savoir,

Jésus, prends ma main dans la tienne.

Je me souviens du jour où mon pasteur, avec deux autres ministres, se tenait à mon chevet, exécutant l'instruction du Seigneur pour ceux qui étaient malades.

Il n'y avait aucune preuve de guérison à ce moment-là. Mais cette heure et ce jour étaient remplis de la conscience de la présence du Sauveur et de Son amour. Dans cet amour, je pouvais me reposer et avoir confiance. Et la guérison est venue avec la confiance.

Je pensais à la solitude de Jésus sur la croix. Éloigné de son Père, loin de sa maison. Son pays céleste.

Et quelque part j'ai trouvé cette pensée, une personne ne peut pas être seule pour une famille si elle ne fait pas partie de cette famille. Il n'est pas nostalgique pour une maison à moins que ce ne soit sa maison. Il n'est pas attaché à un pays à moins que ce ne soit son pays.

Et ainsi, nous pouvons avoir le précieux privilège de devenir un avec notre Sauveur, d'être baptisé dans sa famille, de devenir citoyen du ciel.

Il peut y avoir de la solitude. Il peut y avoir des peurs, une frustration apparente, un échec apparent. Mais la solitude pour le Sauveur sera la seule preuve de notre unité avec Lui. Et les peurs ne seront que perdues dans Son amour.

Notre union avec Jésus ne doit jamais être rompue, comme l'était celle du Père et du Fils. Quoi qu'il arrive, quoi qu'il n'arrive jamais, nous pouvons nous reposer dans l'amour de Jésus, parce que nous sommes un !

12

DANS LE PRINTEMPS

Le pasteur se tenait près du bureau dans son étude. Il parlait de la multitude de cœurs solitaires que nous rencontrons dans notre travail jour après jour.

“Le besoin le plus vital dans le monde est le besoin d'amour,” dit-il. Et puis il parla de Dieu comme la source de l'amour. “Nous sommes tellement contents de rester aux marges, alors que nous devrions entrer au cœur même du Printemps lui-même.”

Il parla longuement, lentement, pensivement, comme s'il contemplait le Printemps.

L'impression était profonde. J'essayais de me rappeler les mots. Mais la plupart d'entre eux étaient partis. Le pasteur lui-même ne pouvait pas les rappeler. Et je n'étais pas surpris, car je sentais que l'Esprit de Dieu avait parlé à travers la langue d'un serviteur volontaire.

Comme le cor perdu, les mots étaient partis. Mais que vive était l'image non verbalisée dans mon cœur. Depuis ce jour, mon désir a été d'entrer au cœur même du Printemps.

Nous avons goûté aux marges. Nous avons connu les franges. Nous avons vu de l'extérieur. Que doit-il être d'être dedans, d'être en Dieu ?

“Nous, nous avons connu l'amour que Dieu a pour nous, et nous y avons cru. Dieu est amour ; et celui qui demeure dans l'amour demeure en Dieu, et Dieu en lui” (1 Jean 4.16).

Un sceptique raillait un chrétien quelque chose comme ça : “Comment pouvez-vous être en Dieu, et Dieu en vous ? Le plus petit doit être dans le plus grand. Alors le plus grand ne peut pas être dans le plus petit. C'est impossible.”

Le chrétien pointa vers la cheminée. “Les charbons sont dans le feu, n'est-ce pas ? Et le feu n'est-il pas dans les charbons ?”

Revenons au Printemps. Fixons-le sérieusement, jusqu'à ce que notre propre visage reflète ce que nous y voyons.

Nous voyons dans ses profondeurs la source même des ruisseaux de Ses caractères qui ont touché nos vies et gagné nos cœurs.

Il y a la patience, la compréhension, le pardon, la tendresse, la sympathie, le désintéressement, la confiance. Il y a une pureté qui peut aimer le pécheur le plus vil. Il y a un amour constant, immuable. Rien dans ce monde, rien excepté le péché chéri, ne pourrait jamais faire une différence dans un amour comme ça, ou nous en séparer.

Nous avons regardé dans l'eau de vie. Ne devrions-nous pas boire profondément, et ne plus jamais avoir soif ?

La femme samaritaine dit aux habitants de sa ville, “Venez voir un homme, qui m'a dit tout ce que je n’ai jamais fait.”

Mais je ne crois pas que c'était tout. Je pense qu'elle n'a pas fini sa phrase. Il y avait plus que cela pour elle comme raison de le croire comme le Messie. Ses premiers mots ne cachaient pas son vrai sentiment.

“Comment se fait-il que toi, étant Juif, me demandes à boire, moi qui suis une femme samaritaine ?”

Voici un Juif prêt à parler à un Samaritain, prêt à engager une conversation avec elle bien que d'autres puissent remettre en question sa pertinence. C'était assez pour commencer. Bien sûr, Il ne savait pas quel genre de femme elle était. S'il le savait. Et Il lui dit le passé. Il savait tout ce que n'importe qui d'autre savait et bien plus et se souciait encore de son âme ! C'est donc ainsi qu'Il lui dit le passé. Il savait tout ce que n'importe qui d'autre savait et bien plus et se souciait encore de son âme ! Cela doit être le Messie. Cela doit être Lui dont le nom devait être appelé Merveilleux. Personne d'autre ne pourrait aimer ainsi !

La joie ultime de demeurer en Dieu, d'être un avec Lui, au cœur même du Printemps. Baptisés dans le Printemps de Son amour, nous devenons mystiquement, éternellement un avec Dieu.

Et ensuite, à travers nos vies, couleront vers les autres les mêmes ruisseaux de caractères qui nous ont attirés vers Lui, la même patience, la même compréhension, la même confiance, le même amour immuable.

“Celui qui croit en moi, des fleuves d'eau vive couleront de lui, comme le dit l'Écriture” (Jean 7.38).

D'autres, et encore d'autres assoiffés de l'eau de vie, seront touchés par ces ruisseaux et seront amenés à les suivre jusqu'à leur source profonde dans le Printemps.

Alors que je parle de Son amour, je me pose à moi-même intérieurement et constamment la question. Comment le Créateur pourrait-il descendre si bas ? Comment pourrait-il vouloir être un avec moi ?

Je ne pourrai jamais comprendre un amour comme ça. Mais en contemplant le Printemps, je peux vous dire ce que c'est. L'amour, c'est ce que Dieu a fait pour nous !

13

L'AMOUR PARFAIT

S'ils avaient appris que Dieu était mort, cela n'aurait pas pu être pire.

Ces onze hommes venaient de subir le coup le plus dévastateur jamais infligé à des humains.

Ils avaient marché et parlé avec le Fils de Dieu. Ils en étaient sûrs. Ils attendaient avec impatience son royaume. Et puis, ils l'avaient vu mourir !

L'obscurité de l'avenir et la peur avec laquelle ils le faisaient face ne pouvaient pas être plus épaisses.

Et puis, le Sauveur aimant et ressuscité avait marché avec deux jusqu'à Emmaüs, et tout avait changé. Dieu n'était pas mort, c'était à nouveau leur propre pensée qui était en faute. Car cet Étranger marchant depuis Jérusalem leur montrait à partir de l'Écriture comment cette expérience même n'était pas la fin de l'espoir, mais son commencement. Au milieu de la noirceur et de la peur du Calvaire avait été allumée une lumière qui brillerait jusque dans les coins les plus reculés de l'espace. De la mort du Calvaire était venue la vie éternelle.

Après cela, que ne pourrait jamais toucher leur foi ? Qu'est-ce qui ne pourrait jamais ramener la peur dans leurs cœurs ? Si même la mort du Fils de Dieu ne pouvait les séparer de son amour, que pourrait ?

Pas étonnant que Paul ait été “persuadé que ni la mort, ni la vie, ni les anges, ni les dominations, ni les choses présentes, ni les choses à venir, ni les puissances, ni la hauteur, ni la profondeur, ni aucune autre créature ne pourra nous séparer de l'amour de Dieu manifesté en Jésus-Christ notre Seigneur” (Romains 8.38, 39).

Les onze, et les deux, et Paul avaient trouvé le seul endroit dans le monde où il n'y a pas de peur, au centre du Printemps.

“Il n'y a pas de peur dans l'amour, mais l'amour parfait chasse la peur” (1 Jean 4.18).

Voici la prescription céleste contre la peur. Et c'est la seule prescription qui fonctionne. “L'amour parfait chasse la peur.”

Il y a un grand élément de confiance dans l'amour. Notre amour peut être imparfait, mais notre confiance en Lui peut être parfaite et complète. Et notre confiance parfaite en son amour parfait peut et va chasser la peur.

Son amour parfait pour nous a été démontré maintes et maintes fois dans le passé. Et tandis que notre foi saisit la poignée réelle et tangible des bénédictions déjà données, nous pouvons Lui faire confiance de plus en plus.

Nous n'avons peut-être pas envie de faire confiance. Mais notre sentiment ne change en rien son pouvoir, son amour ou sa parole. Notre confiance est en Lui, pas en nos sentiments.

Quelle merveilleuse aventure de voir, de voir ce qu'un Père aimant fera pour l'enfant qui lui fait enfin confiance complètement, sans réserve.

“Ce que l'œil n'a pas vu, ce que l'oreille n'a pas entendu, et ce qui n'est pas monté au cœur de l'homme, ce que Dieu a préparé pour ceux qui l'aiment” (1 Corinthiens 2.9).

Cela signifie le ciel. Mais je pense que cela signifie aussi ici et maintenant, j'en suis sûr !

“L'amour parfait chasse la peur.”

Voici comment cela fonctionne. Vous avez quelques peurs obsédantes cachées dans le grenier de votre esprit. Ramenez-les maintenant. Ouvrez-les et regardez-les. A la lumière de Son amour, elles ne valent pas la peine d'être gardées. Vous les chassez. Elles disparaissent. Vos peurs sont parties.

Puis une nouvelle expérience survient. Vous pensiez que la vie serait facile maintenant, sans vos anciennes peurs. Mais de nouveaux doutes doivent-ils prendre leur place ?

Mais regardez cet incident, cette nouvelle peur. Regardez-la à la lumière de la croix. Peut-être est-ce une expérience difficile. Peut-être ne pouvez-vous pas la comprendre. Mais cette seule chose pourrait-elle peser plus que tout l'amour du Calvaire ? Mettez-la sur la balance. Ça ne pèse pas lourd, n'est-ce pas ? Ça ne pèse pas du tout. Le poids énorme de Son amour chasse à nouveau votre peur.

Continuez à regarder Son amour, à le peser contre vos peurs. Votre réserve de confiance grandira avec chaque expression de Son amour, jusqu'à ce qu'enfin, comme les onze, comme Paul, vous puissiez marcher avec Lui n'importe où. Vous saurez alors que rien ne peut toucher votre vie qui ne soit pas dans Sa volonté et dans Son plan d'amour.

Quelles merveilleuses choses Dieu peut faire quand nous lui faisons confiance comme ça !

Il y avait Johnny. Johnny avait six ans. Et il aimait Jésus. Un jour, il s'est noyé. Et la mère de Johnny pleurait.

Mais elle ne pleurait pas comme les autres mères ont pleuré. Elle avait trouvé une vraie foi. Johnny aimait Jésus ; Jésus devait avoir un plan. Elle était prête à coopérer. C'était comme si Jésus avait dit, “Mère de Johnny, j'ai un plan. Vas-tu me laisser le réaliser ?” et elle avait dit, “Je vais.”

Un mois plus tard, elle comptait les vies qui avaient déjà été touchées, bénies, ou remportées pour le Jésus de Johnny à cause de cette expérience.

Comptons, ami. Comptons les joies qui sont sorties de ce que nous pensions être des coups dévastateurs. Comptez les chagrins que vous auriez eus si Dieu n'avait pas dit Non à certaines de vos prières.

Vous compterez longtemps. Je sais que je le ferais !

Dieu n'est pas mort. Et tant qu'il vivra, rien ne devra toucher notre foi. La nôtre peut être une foi comme celle de la mère de Johnny.

Elle était mise au lit.

"Maman, je me sens comme une reine," dit-elle.

"C'est merveilleux, chérie, mais pourquoi ?

"Parce que j'aime Dieu, et Dieu m'aime."

C'est ça, l'amour parfait !

14

LE LIVRE DU BONHEUR

CE LIVRE est dans mon cœur depuis un certain temps. Dans mes réflexions et dans mes prières, je l'ai appelé le livre de la peur.

Nous voyagions, des amis et moi, et nous parlions de cette chose appelée peur. Nous avons mentionné que parfois nous devons ressentir un peu de ce que nous écrivons.

En riant, j'ai suggéré : “Je pense que j'ai choisi les mauvais titres. Je pense que la prochaine fois, je vais écrire sur la ‘joie abondante’ ou quelque chose comme ça.”

Des mois ont passé. Et soudain j'ai fait une découverte. Je n'ai pas à attendre quelque date future pour écrire sur un thème plus heureux. Ceci, juste ici, est un livre du bonheur ! Ce n'est pas du tout un livre de la peur !

Vous avez trouvé beaucoup plus de bonheur que de peur dans ces pages, que vous ayez lu en avant ou en arrière. Mais si je n'avais pas laissé la peur sur la couverture, vous n'auriez peut-être pas pris le livre et trouvé le bonheur.

Je veux juste vous dire.

La vie est ainsi ; vous pensez que vous vous dirigez droit vers une fournaise ardente, et vous sortez votre meilleur sourire en amiante.

Comment vous sentez-vous lorsque vous entrez dans la fournaise et que vous découvrez une merveilleuse expérience de communion avec Celui qui est “semblable à un fils de Dieu”, et même pas l'odeur de la fumée ? Comment vous sentez-vous lorsque vous réalisez que le Dieu qui a fait tout cela pour vous est le Dieu que vous doutiez hier ?

Pourquoi devriez-vous jamais craindre une expérience qu'il choisit d'envoyer ? La chose que vous redoutez peut-être le portail même du désir de votre cœur.

Le diable semble avoir une rancune spéciale contre le bonheur. Ayant depuis longtemps oublié à quoi cela ressemble, il a déterminé que vous et moi ne le découvrirons jamais.

Il n'y a aucune vertu spéciale à être malheureux, en fait, aucune vertu du tout. Et nous n'avons pas à attendre d'atteindre la terre que nous chantons pour être heureux. Il y a du bonheur tout le long du chemin !

La vie ici et maintenant, avec Jésus, ressemble davantage à une lune de miel glorieuse qu'à autre chose, et pourtant si pauvre en mots. Mais cela nous occupe à envoyer des notes de remerciement dans nos prières. Il y a une joie non superficielle, mais calme et rayonnante, permanente. Les autres ne peuvent pas comprendre sa source. Mais ils le voudront.

Du bonheur tout au long du chemin !

“En marchant avec Jésus dans cette vie, nous pouvons être remplis de son amour, satisfaits de sa présence. Tout ce que la nature humaine peut supporter, nous pouvons le recevoir ici.”

La vie chrétienne n'est pas une vie de renoncement. Unir votre vie à la sienne est une ouverture des portes pour recevoir de plus en plus.

Nous nous créons souvent notre propre temps de trouble. Et c'est parce que nous avons encore l'ancienne idée qu'il y a une vertu attachée à une chose parce qu'elle est difficile ou malheureuse. Et cela se lie à l'autre fausse idée que nous pouvons gagner notre salut.

Il se peut que nous nous souvenions d'une situation particulièrement difficile dans laquelle Dieu a miraculeusement travaillé pour nous. Nous avons ressenti sa bénédiction comme nous aimerions la ressentir maintenant. Devons-nous nous replacer dans cette situation pour retrouver la même joie ?

Les Israélites ont traversé la mer Rouge une seule fois. Jacob a passé une seule nuit de lutte. Et même Thomas n'a pas demandé à mettre ses mains dans les plaies une deuxième fois. Il n'avait pas besoin d'une deuxième démonstration.

Nous nous enchevêtrons tous, jusqu'à appeler la foi qui est vraiment le doute.

Les restrictions de Dieu sont toutes bonnes. Ce sont les nôtres qui nous troublent le plus. Hier, il a donné grâce pour le temps d'épreuve. N'est-il pas capable de donner grâce et paix aujourd'hui dans le temps du bonheur ?

“Celui qui goûte l'amour du Christ désirera continuellement plus, mais il ne cherchera rien d'autre.”

Cette déclaration m'a autrefois troublé. Je me suis représenté une sorte d'expérience d'ermite ou d'expérience de donjon où tout, sauf l'amour de Dieu, est enlevé. Et en suivant cela, l'expérience suprême serait de ne désirer rien d'autre.

C'est le genre d'image que le diable veut pour son livre de souvenirs, parce que cela fait de Dieu un tyran à nouveau, toujours tout enlevant, et fronçant les sourcils si nous désirons même quelque chose.

Mais ce n'est pas le Dieu que je connais. En y réfléchissant, j'ai réalisé qu'il est impossible de séparer les dons de Dieu de son amour. Ils font partie de son amour, l'expression de celui-ci.

Dieu est un donneur de cadeaux. Il a donné. Il donne maintenant. Il continuera de donner, de plus en plus, à travers toute l'éternité.

“Lui, qui n'a point épargné son propre Fils, mais qui l'a livré pour nous tous, comment ne nous donnera-t-il pas aussi toutes choses avec lui ?” (Romains 9.32).

Bien sûr, son amour suffit. Mais son amour inclut tout ce qu'il nous donne : la vie, la santé, le matériel, les bénédictions, les amis, la Bible, les promesses, et le salut lui-même. Tout fait partie de son amour.

Est-ce un trop grand sacrifice de ne désirer rien d'autre, rien en dehors de son plan pour nous, quand nous savons que ce plan inclut tout ce qui pourrait nous faire du bien et exclut seulement ce qui nous ferait du mal ? Est-ce un trop grand sacrifice d'être content seulement des choses merveilleuses et glorieuses qu'il nous envoie ?

Ce n'est pas un déni de son amour de désirer ou d'apprécier la compagnie humaine. C'est un autre de ses dons. Dieu ne s'attend pas à ce que nous soyons des êtres antisociaux, contrairement à la façon dont il nous a faits.

Un jeune couple est extrêmement heureux dans leur amour. Ce n'est pas un déni de leur amour l'un pour l'autre lorsqu'ils désirent qu'un petit enfant vienne dans leur foyer. Cela ne signifie pas que leur amour est incomplet. Dieu apporte le petit à leur bonheur.

Et c'est ainsi que Dieu est. Il ajoute toujours à notre bonheur, ne soustrait jamais. Il ajoute, et continue d'ajouter, jusqu'à ce qu'il n'y ait pas de machine dans le monde assez grande pour ajouter les expressions de son amour.

Et si vous collez toutes ces expressions dans un livre, vous aurez aussi un livre du bonheur !

15

L'ÉCHO DE LA CHORALE

C'était la dernière nuit du grand rassemblement. La foule immense chantait comme je ne l'avais jamais entendue chanter. À travers tout l'auditorium, comme une voix puissante en plusieurs parties, elle faisait retentir sa louange.

"O Seigneur Jésus, combien de temps, combien de temps

Avant que nous entonnions le chant joyeux ?"

Puis d'un côté de l'auditorium,

"Christ est revenu, Alléluia"

De l'autre côté,

"Alléluia ! Amen."

Et encore, d'un côté,

"Alléluia ! Amen."

Je me suis mis à penser ainsi : Il y a tellement, tellement de gens, assis et debout, à l'extérieur de l'auditorium. Quel effet glorieux si le directeur les utilisait comme un grand chœur écho !

J'adore l'écho de la chorale ! Ma pensée m'a ramené à l'époque avant que le péché n'entre, “quand les étoiles du matin chantaient ensemble, et que tous les fils de Dieu poussaient des cris de joie. “

Je me demande si les fils de Dieu étaient rassemblés en un seul endroit. Ou auraient-ils pu pousser leurs cris, leurs chants, chacun depuis un monde différent ? Leurs voix n'auraient-elles pas pu traverser l'espace et se mêler en un chant, formant un seul grand chœur ?

Fantastique ? Peut-être. Mais attendez avant de décider.

Je lisais dans ce merveilleux livre Éducation, page 303: “Là, lorsque le voile qui assombrit notre vision sera levé, et que nos yeux contempleront ce monde de beauté dont nous apercevons maintenant des bribes à travers le microscope ; lorsque nous contemplerons les gloires du fléau du péché écarté, toute la terre apparaîtra dans la beauté de l'Éternel, notre Dieu, quel champ s'ouvrira à notre étude !”

Quelle joie de voir avec une vision dégagée les beautés tout autour de nous ! Elles sont là. Seule notre vision et notre ouïe sont en faute. Est-ce trop penser que dans ce meilleur jour nous pourrions voir et entendre à travers de vastes étendues d'espace ?

Je ne sais rien de l'étude des vibrations, sauf ce que l'on me dit. Mais cela m'intrigue.

Les médecins eux-mêmes nous donnent peu d'informations précises. C'est un domaine où il y a tant d'inconnu. Ils nous disent cependant qu'il y a connus pour être un peu plus de soixante-quatre octaves de vibration, l'octave, ils expliquent, étant un terme arbitraire.

La gamme de lumière visible, dans laquelle nous pouvons voir, est légèrement inférieure à une de ces octaves. L'oreille humaine ne peut entendre que dans une petite partie de la gamme de soixante-quatre octaves, ou peut-être de vingt vibrations à trente mille vibrations par seconde. Au-dessus et en dessous, c'est une immense gamme que nous ne pouvons pas entendre.

Cela laisse une vaste partie des soixante-quatre octaves inexpliquées. Nous savons que les vibrations sont là. Que ce soient des vibrations de lumière ou de son ou des deux, nous ne pouvons pas en être sûrs.

Nous savons que les vibrations existent. Cela signifie qu'il y a beaucoup à voir, beaucoup à entendre, que nous ne pouvons pas voir et entendre.

Je vous demande. Et si nous pouvions voir et entendre toutes les vibrations que nous savons exister ? Qu'y a-t-il dans l'immense inconnu ? Que verrions-nous ? Qu'entendrions-nous ?

Je ne sais pas, mais quelque chose me donne une idée. Vous souvenez-vous quand Élisée a prié pour que le Seigneur ouvre les yeux de son serviteur? Et le serviteur a vu que "la montagne était pleine de chevaux et de chars de feu autour d'Élisée."

Ils étaient là tout le temps. Le serviteur ne pouvait simplement pas les voir. Et il y a beaucoup de choses d'une grande importance qui se passent autour de nous que nous ne pouvons pas voir.

Je me demande ce que ressentent les anges à notre sujet lorsque nous refusons de croire à ce qui nous entoure, simplement parce que nous ne pouvons pas le voir ?

D'une certaine manière, cette question des vibrations enlève tout le risque de la foi. La foi n'est pas crue en quelque chose sur lequel il y a un quelconque doute. C'est croire en ce qui existe réellement tout autour de nous.

Le “si” a disparu. La foi consiste simplement à croire en des faits que nous ne sommes pas capables de voir, mais des faits qui existent aussi sûrement que la maison de l'autre côté de la rue. La foi consiste à croire en la réalité, pas en l'irréalité.

N'est-il pas étrange que la science, si incrédule, nous fournisse une telle nourriture pour notre foi ?

Prenez la radio et la télévision. Comment elles nous ont aidés à comprendre comment Dieu entend la prière. Sont-elles un miracle ? Non, pas vraiment. C'est simplement une syntonisation sur ce qui a toujours été là.

“Ce que l'œil n'a pas vu, ce que l'oreille n'a pas entendu, ce qui n'est pas monté au cœur de l'homme, Dieu l'a préparé pour ceux qui l'aiment” (1 Corinthiens 2.9).

Pas étonnant que cela ne soit pas entré dans nos cœurs. Pas étonnant que notre imagination la plus folle ne puisse pas le représenter. Pourquoi ? Parce que nous n'avons pas vu, ni entendu, ni ressenti. Voir, entendre, ressentir sont des voies vers notre esprit. Ces sens sont limités ici. Mais les gloires des mondes d'au-delà existent. Et un jour, nous les verrons, les entendrons, les ressentirons, avec des sens immortels, sans entrave.

Je me représente ce jour où la terre sera de nouveau neuve, un grand chœur, le chœur des mondes. Je me demande s'ils chanteront.

“À Dieu soit la gloire, car il a accompli de grandes choses”

Puis le chœur puissant, comme le chante ciel,

“Louez le Seigneur,”

Et en écho des mondes lointains dans l'espace,

“Louez le Seigneur,”

Et puis de la terre,

“Que la terre entende sa voix !”

Et pourrait-il y avoir un numéro spécial dans ce grand service de chant, quand la terre seule chante,

"Tout le chemin mon Sauveur me conduit" ?

C'est un chant d'expérience que seule la terre a connu. Et pourtant, je ne pense pas que les anges, si proches des expériences des hommes, voudraient replier leurs ailes. C'est un chant que les anges aiment. Je pense qu'ils voudraient se joindre aux hommes pendant qu'ils chantent.

"C'est mon chant à travers les âges,

Jésus m'a conduit tout le chemin."

L'imagination, aussi sauvage soit-elle, ne peut commencer à imaginer la gloire qui est prévue par Son amour infini, un amour qui chasse d'abord la peur de nos cœurs, puis de toute Sa vaste création.

Là, près de l'arbre de vie, nous nous reposerons dans Son amour et dans la musique de l'univers.

Et jamais plus aucun homme ne dira, Je suis fatigué, ou Je suis malade, ou J'ai peur !

Les peurs qui tourmentent l'humanité sont trop nombreuses pour être cataloguées, mais cette délicieuse séquence d'essais identifie non seulement certaines des plus courantes, mais montre également comment les conquérir en prouvant qu'elles ont une réelle substance. Les expériences bibliques sont présentées en parallèle avec des situations quotidiennes, montrant qu'il n'y a pas grand-chose dans la vie moderne qui doit nous effrayer si la foi contrôle la citadelle du cœur. Les nuages ont toujours leur revers argenté. L'arc-en-ciel de la promesse brille toujours d'espoir. Le Christ demeure la solution à chaque problème déconcertant. Pour celui qui triomphe, un courage nouveau est disponible pour de nouvelles aventures.

Printed by Books on Demand GmbH, Norderstedt / Germany